동물_동물의 위장

꼭꼭 숨어라

글_최민주 그림_최민주 감수_김길원

맴맴맴 매애 매앰!
나무 위에 유지매미가 숨어 있네요.

"나를 찾을 순 없을걸."

어, 매미
울음소리야!

매미야,
어디 있니?

유지매미

날개 색깔이 나무껍질과 비슷해서 눈에 잘 띄지 않아요. 고목나무 줄기에 바짝 붙어 있으면 감쪽같아요. 애벌레는 땅속에서 5년 정도 보내야 어른매미가 된답니다. 1~2주 정도밖에 살지 못해요.

스르르 스르르.
슥삭슥삭.
땅과 돌틈에는 두꺼비메뚜기와
뜰길앞잡이가 숨어 있네요.

"쉿, 움직이지 마!"

두꺼비메뚜기
온몸이 온통 어두운 회색이에요. 풀숲 바닥과 바위틈에 숨으면, 눈앞에 두고도 잘 찾지 못해요. 마치 두꺼비처럼 등에 혹 모양의 돌기가 많아요. 그래서 두꺼비메뚜기라는 이름이 붙여졌어요.

곤충들이 어디 다 숨어 있을까?

뜰길앞잡이
낮에는 모래땅의 작은 자갈과 몸 색깔이 비슷해요. 움직이지 않으면 눈에 잘 띄지 않지요. 주로 물이 흐르는 도래땅에 살며, 밤에 먹이를 찾아다녀요. 날카로운 턱으로 곤충을 잡아먹어요.

찌르르 스르르.
사사삭 사사삭.
풀숲에는 섬서구메뚜기, 실베짱이,
사마귀, 매부리가 숨어 있네요.

"우리옷은 풀색이랑 똑같아."

어디 있을까?

어디 있지?

매부리
개밀, 귀리 같은 벼과 식물이 우거진 곳에서 살아요. 몸 색깔을 주변 식물과 비슷하게 바꾸어 몸을 숨겨요. 길고 예민한 더듬이로, 적의 위험을 금세 알아챌 수 있지요. 수컷은 앞날개를 비벼 가며 울음소리를 내요.

섬서구메뚜기
몸을 풀잎 색깔과 비슷하게 바꿔 가며 적의 공격을 피해요. 풀밭에서 흔하게 볼 수 있는 곤충이에요. 날개가 잘 발달되어 있으나 멀리 날지 못하고, 위험을 느끼면 풀잎 뒤로 재빨리 몸을 숨겨요.

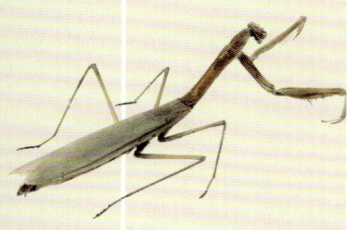

사마귀
풀잎에 맞춰 가며 몸 색깔을 바꿀 수 있어요. 수컷이 암컷보다 작아서 더 빠르고 멀리 날 수 있지요. 암컷은 짝짓기를 끝낸 뒤에 수컷을 잡아먹기도 해요. 눈이 낮에는 연두색, 밤에는 검은색으로 바뀐답니다.

실베짱이
몸의 생김새와 색깔이 나뭇잎과 비슷해요. 그래서 나뭇잎 뒤쪽에 붙어서 몸을 숨겨요. 밤이 되면, '츠츠츠' 하는 소리를 내어 짝을 찾아요. 몸과 더듬이가 가늘며 길어요.

장구애비
연못 속에서 헤엄치며 먹이를 잡아먹어요. 사냥한 물고기는 체액만 빨아먹지요. 행동이 느려서 낮에는 물속의 진흙 바닥 밑이나 물풀 사이에 몸을 숨기고, 밤에 나와 먹이를 사냥해요.

게아재비
주로 연못에서 살며, 몸 색깔이 물풀과 비슷해요. 낮에는 길쭉하게 뻗은 물풀에 붙어 있다가, 밤이 되면 움직이기 시작해요. 날카로운 앞다리로 작은 물고기를 잡아, 체액만 빨아 먹고 버려요.

토독토독.
타닥타닥.
웅덩이에는 장구애비와 게아재비가 숨어 있네요.

"내 몸은 물풀색이랑 똑같아."

꼬물꼬물.
사각사각.
똥 속에는 뿔쇠똥구리와
보라금풍뎅이가 숨어 있네요.

"우리는 똥 밑에 숨어서 정말 못 찾을걸."

보라금풍뎅이
몸 색깔이 화려하기 때문에 적에게 쉽게 공격받을 수 있어요. 하지만 낮에는 동물의 배설물 밑에 숨어 있어서 찾기가 어려워요. 물론 그 배설물도 먹고요. 밤이 되면, 빠르게 움직이며 먹이와 짝을 찾아다니죠.

뿔쇠똥구리
낮에는 소나 말 등의 똥 밑에 뚫어 놓은 굴속에 숨어 있어요. 굴속에는 굴려서 동글동글하게 만든 똥 덩이가 있어요. 똥도 먹고, 알도 똥 덩이 속에 낳아요. 똥 덩이는 애벌레의 방도 되고, 먹이도 되지요.

땅강아지
낮에는 땅굴 안에 숨어 있기 때문에 적의 눈에 띄지 않아요. 앞다리가 단단한 주걱 모양이라서 땅 파기 선수랍니다. 뿌리나 지렁이 등 아무거나 잘 먹어요. 몸에 아주 작고 가는 털이 많아서, 물에 젖지 않아 수영을 잘해요.

슥슥슥 슥슥슥.
삭삭삭 삭삭삭.
땅강아지가 땅굴 속에 숨어 있네요.
"우리는 흙이랑 색이 똑같지."

땅속에 무슨 곤충이 산다고 그래?

슥삭슥삭.
찌이찌이.
나무들 사이에는 털매미와
긴수염대벌레가 숨어 있네요.

"우리는 나무랑 색깔이 똑같아."

어디 있지?

여기 있나?

털매미
고목나무의 높은 줄기에 바짝 붙어서 몸을 최대한 숨겨요. 날개 색깔이 나무껍질과 비슷해서 더욱 눈에 띄지 않지요. 수컷은 울음판이 있어서 '찌이~ 찌이~' 길게 소리 내어 울어요. 모든 암컷 매미는 울지 못해요.

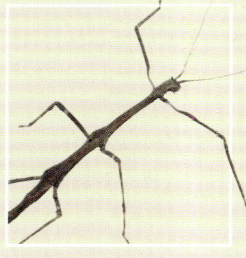

긴수염대벌레
나뭇가지와 비슷해서 눈에 쉽게 띄지 않으며, 위험을 느끼면 죽은 척한답니다. 적에게 공격을 받으면, 재빨리 다리를 잘라 버리고 도망쳐요. 다른 곤충과 달리, 잘려진 다리는 허물벗기(탈피)를 통해 다시 자라요.

뚝뚝뚝뚝.
쓱쓱쓱쓱.
깊은 숲, 나무 구멍 속에는
참나무하늘소와 왕바구미가 숨어 있네요.

"이런 곳에 숨어 있을 줄은 모를걸."

참나무하늘소
낮에는 졸참나무 줄기 끝의 나뭇잎이 우거진 곳에 몸을 숨기고 있어요. 밤이 되면, 나무 밑 부분으로 내려와 먹이를 찾지요. 나무를 갉아 먹을 수 있는 큰 턱과 다리 끝에 날카로운 발톱을 가지고 있어요.

왕바구미
적으로부터 위협을 느끼면, 나무 밑으로 떨어져 죽은 척해요. 몸 색깔이 나무껍질과 비슷하기 때문에 쉽게 찾아볼 수 없어요. 행동이 굉장히 느려서 낮에는 나뭇가지에 숨어 있다가, 밤이 되면 먹이를 찾아 움직여요.

꼼질꼼질.
꼼지락 꼼지락.
돌 위에는 얼룩대장노린재가 숨어 있네요.

"난 돌이랑 똑같이 생겼어."

얼룩대장노린재
적의 눈을 피해 참나무 껍질이나 무덤가의 비석, 바위에 붙어서 꼼짝하지 않고 있어요. 몸 색깔이 어두운 갈색이나 잿빛을 띤 갈색이라서 눈에 잘 띄지 않지요. 위험을 느끼면 몸에서 고약한 냄새를 내뿜어요.

꼭꼭 숨어라 더듬이 보인다!
꼭꼭 숨어라 앞날개 보인다!
꼭꼭 숨어라 뒷다리 보인다!

우와, 장수풍뎅이야.

찾았다!

톱사슴벌레
낮에는 고목나무의 껍질 사이나 나무 밑 흙 속에 숨어서, 해가 질 때까지 꼼작하지 않아요. 몸집이 크기 때문에 천적의 눈에 쉽게 띄어서 밤에만 활동해요. 참나무의 즙에 모여들며, 성격이 난폭해서 툭하면 싸워요.

장수풍뎅이
낮에는 썩은 나뭇잎 속에 숨어서 꼼작하지 않고 있어요. 몸집이 크기 때문에 적의 눈에 쉽게 띄거든요. 해가 져야 슬금슬금 움직이지요. 두 갈래의 긴 머리뿔이 돋아 있으며, 가슴등판에도 가슴뿔이 작게 솟아 있어요.

썩은 나무에는 장수풍뎅이,
톱사슴벌레, 진홍단딱정벌레,
털두꺼비하늘소가 숨어 있네요.

"조용! 조용! 우리까지 들킬라."

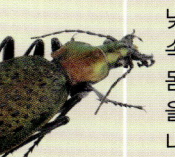

진홍단딱정벌레
낮에는 바위 밑, 땅속, 썩은 나무뿌리 속에 숨어 있어요. 사는 환경에 따라 몸 색깔이 많이 달라요. 적에게 공격을 받으면, 엉덩이에서 고약한 냄새가 나는 물질을 내뿜고 도망가지요. 턱으로 먹이를 잡고, 입으로 녹여서 먹어요.

털두꺼비하늘소
낮에는 장작더미 속이나 참나무 가지 사이에 숨어 있어요. 꼼짝하지 않고 있으면, 나무껍질에 핀 이끼처럼 보이기 때문에 적으로부터 몸을 보호할 수 있어요. 몸은 어두운 흑갈색을 띠며, 두꺼비 피부와 비슷해요.

"이야! 숨바꼭질 끝났다.
다음 술래는 장수풍뎅이!"

사각사각.
꼼질꼼질.
바스락 바스락.
스르르 스르르.
찌르르 찌르르.

"다시 꼭꼭 숨어라!"

꼭꼭 숨어라

김길원(서울대 생명과학부 교수)

동물들은 적으로부터 스스로를 지키기 위한 특별한 방법을 가지고 있습니다. 전갈이나 뱀처럼 무서운 독을 품은 동물들도 있고, 꿀벌이나 침개미처럼 날카로운 침을 가진 동물들도 있습니다. 날카로운 발톱과 이빨로 자신을 위협하는 동물과 맞서 싸우는 동물들도 있지요. 천적에게 맞설 힘이 부족한 동물들은 천적의 눈을 속이는 방법을 선택합니다. 자신의 몸을 눈에 뜨이지 않게 '위장'을 하는 것이지요.

주변 환경과 비슷한 색깔로 치장하여 몸을 숨기는 동물들이 있습니다. 모래밭에 숨어 있는 모래살모사는 매의 눈에 쉽게 뜨이지 않는답니다. 참나무 껍질과 비슷한 색깔의 매미도 새들의 눈을 피하기에 충분합니다.

그 밖에도 많답니다. 흙 색깔을 띤 두꺼비메뚜기와 쇠똥구리는 주로 땅 위에 살고, 초록 풀잎 색깔과 닮은 섬서구메뚜기와 실베짱이는 풀숲에서 삽니다. 자갈밭에 많은 얼룩대장노린재는 돌과 비슷한 몸 색깔을 가졌지요. 모두 그들의 환경과 비슷한 보호색을 가진 동물들이랍니다.

숲에 사는 곤충들 중에는 주변의 나무나 풀잎과 비슷하게 생긴 동물들도 있습니다. 대벌레나 자벌레는 생김새가 나뭇가지와 비슷합니다. 움직일 때도 아주 조심스럽게 천천히 움직여서, 여간해서는 천적인 사마귀나 새들의 눈에 뜨이지 않는답니다. 다른 물체인양 자신의 몸을 위장하는 것을 '의태'라고 부릅니다.

그런가 하면, 눈에 쉽게 뜨이는 화려한 색깔을 가진 동물들도 있습니다. 무서운 침을 가진 말벌은 귀찮게 구는 동물들에게 따끔한 맛을 보여 주지요. 말벌의 노랗고 까만 선명한 줄무늬는 한 번 고생한 동물들에게 쉽게 기억된답니다. 화려해서 먹음직스럽지만, 스스로를 아주 맛없게 만드는 곤충들도 있습니다. 무당벌레를 잡아먹은 새는 금세 토하고 맙니다. 두 번 다시 먹고 싶은 생각이 들까요. 이렇게 말벌이나 무당벌레의 선명한 몸 색깔은 다른 동물들에게는 경계색으로 보인답니다.

푸른 참나무 잎 위에 앉은 장수풍뎅이는 금세 들키고 만답니다. 그래서 자신의 몸을 숨기기에 알맞은 환경을 찾아다녀야 합니다. 눈에 잘 뜨이면 짝에게 자신을 알리기도 쉬울 텐데, 어쩔 수가 없답니다. 그래서 위장을 하는 동물들은 짝을 부르기 위해 수고스럽지만, 특별한 방법을 써야 한답니다.

청개구리나 카멜레온과 같이 변화는 환경에 따라 몸 색깔을 만드는 동물들도 있습니다. 변신의 천재들이지요. 하지만 몸 색깔을 바꾸기 위해서는 더 많은 영양분과 에너지를 써야 한답니다.

여름에서 겨울로, 계절이 변하면 자연의 색깔도 완전히 바뀝니다. 그래서 때마다 고생스레 털 색깔을 바꾸는 새들도 많답니다. 무서운 천적을 피해 자신을 지키기 위한 동물들의 노력은 그리 쉬운 일이 아니랍니다.

글과 그림을 그린 최민주 님은 1994년 한국출판미술대전에서 황금도깨비상을 수상하였고, 오랫동안 그림책 작업을 하였습니다. 지금은 남산 자락의 작업실에서 곤충과 식물을 직접 키우고 기르면서 그림책 작업에 열중하고 있습니다. 작품으로는 〈시장 나들이〉〈이야기 삼강오륜〉〈흥부놀부〉 등이 있습니다.

감수를 한 김길원 님은 한국교원대학교 생물교육과를 졸업하고, 프랑스 낭시대학교에서 동물행동학으로 박사 학위를 받았습니다. 미국 위시콘신대학교 연구원으로 근무하였고, 지금은 서울대학교 생명과학부 BK교수로 학생들을 가르치고 있습니다. 지은 책으로는 〈동물의 새끼 기르기〉〈동물의 집짓기〉〈동물의 이동〉 등이 있습니다.

동물_동물의 위장 꼭꼭 숨어라
글_ 최민주 그림_ 최민주 감수_ 김길원

펴낸이_ 김동휘 **펴낸곳_** 여원미디어(주) **출판등록_** 제406-2009-0000032호
주소_ 경기도 파주시 회동길 130(문발동) 탄탄스토리하우스 **전화번호_** 080 523 4077 **홈페이지_** www.tantani.com
기획·편집·디자인 진행_ 글그림 기획_ 이기경 김세실 안미연 **편집_** 이연수 **일러스트 디렉팅_** 김경진 **디자인_** 이경자
제작책임_ 정원성
판매처_ 한국가드너(주) **교육 마케팅_** 배선미 박관식

Animals_Animal Camouflage Hide-and-Seek
Some insects camouflage themselves to blend into their surroundings.
Find the camouflaged insects hidden in bushes, tree leaves, pebbles, and under the ground.

이 책에 실린 글과 그림의 무단 복제 및 전재를 금합니다.

지구상에는 100만 종이 넘는 동물이 살고 있습니다. 이들은 지금껏 살아 있다는 것만으로도 충분히 위대합니다. 오랜 세월 동안 숱한 어려움을 이겨 냈으니까요. 주어진 환경에 적응하며 살고 있는 동물들과 그들의 세계를 살펴봅니다.

동물

- 생물과 무생물
- 먹이 사슬
- 태생과 난생
- 동물의 모습
- 동물의 성장
- 동물의 위장
- 고향을 찾아서
- 동물의 서식지
- 동물의 집짓기
- 동물의 의사소통
- 동물의 수면
- 동물의 겨울나기
- 먹이 구하기
- 아기 키우기

환경
- 숲
- 강
- 갯벌
- 바다
- 땅
- 멸종동물
- 환경보호
- 재활용
- 인간과 도구

우주
- 지구의 탄생
- 지구의 모습
- 날씨
- 지구의 움직임
- 암석
- 태양계
- 달
- 별의 일생
- 우주 탐사

인체
- 우리 몸
- 탄생과 성장
- 감각 기관
- 소화기관
- 운동순환기관
- 건강함이란

물리
- 물질의 성질
- 물질의 상태 변화
- 공기
- 시간
- 소리
- 중력
- 여러 가지 힘
- 빛과 색
- 전기
- 도구의 원리

식물
- 식물의 위상
- 식물의 성장
- 식물의 번식
- 식물의 생존
- 식물의 일생
- 먹는 식물들
- 식물의 재배

꼭꼭 숨어라

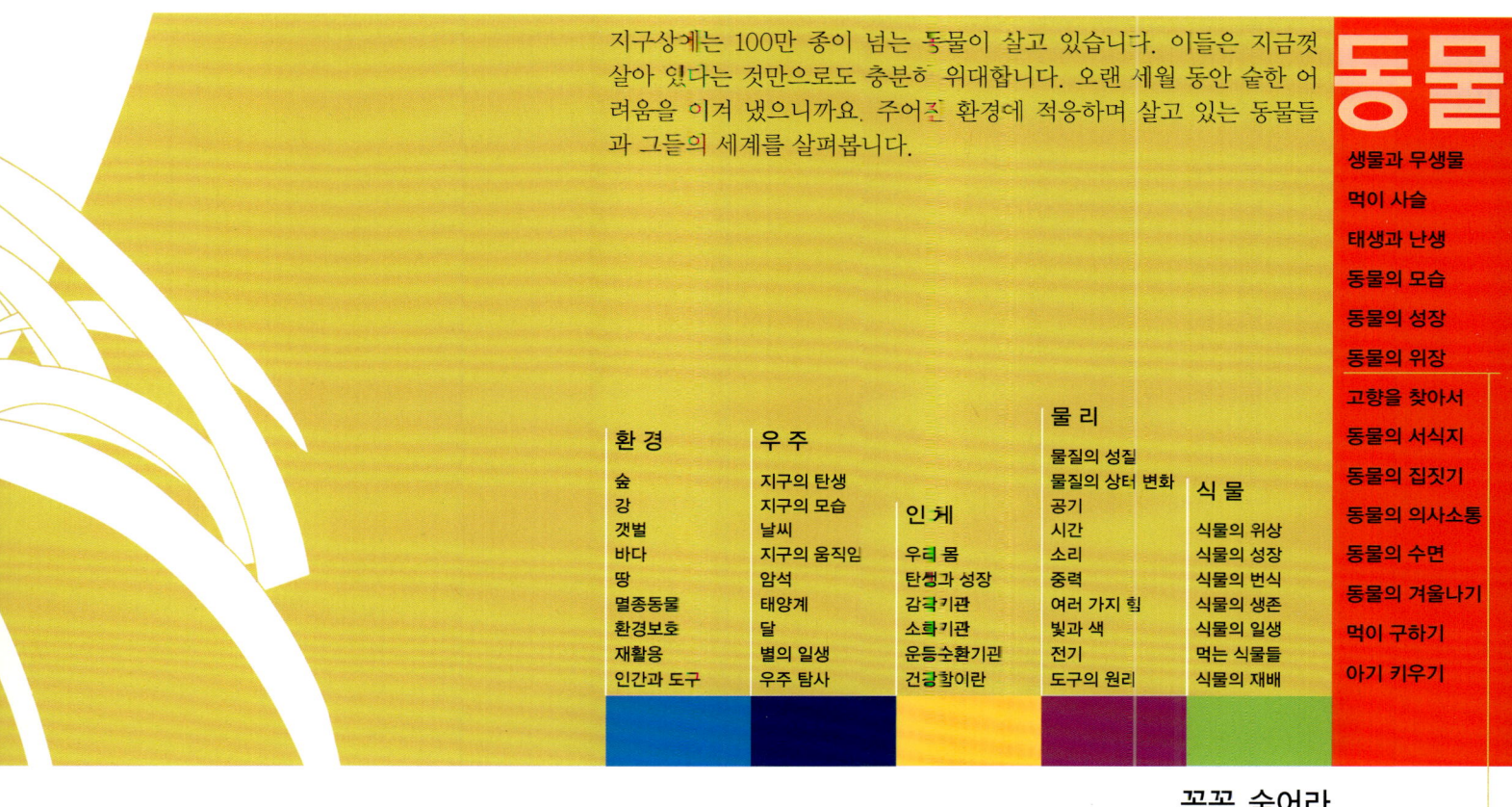